Un Exemple frappant

de Malthusianisme

en Matière Douanière

OBSERVATIONS

SUR LA

TARIFICATION DES MACHINES A BONNETERIE

(ARTICLE 1329 DU TARIF)

I. — Des tractations dans l'ombre

Lorsqu'elle est parvenue à la connaissance des fabricants de bonneterie, la tarification projetée sur les métiers rectilignes de bonneterie
a soulevé, chez la plupart, une émotion bien légitime. Elle a été
accueillie par une indifférence plus dissimulée que réelle, chez d'autres, et ce, en raison de certaines convenances personnelles, ou par
crainte de représailles que pourrait, à tort ou à raison, exercer contre
eux le principal constructeur de ces machines.

A l'heure actuelle, il existe en France une situation vraiment para-
doxale. Un seul constructeur important de métiers Cotton, car il
convient d'écarter deux autres maisons construisant surtout pour
elles-mêmes, dispose de la vie de 150 entreprises, petites, moyennes
ou grandes — occupant plus de vingt mille ouvriers.

Or, il se trouve, qu'en sa qualité de Président d'une Chambre syndicale de machines à bonneterie comprenant sept membres, ce constructeur a été *seul* appelé à fournir les chiffres de la tarification en
ce qui concerne ses propres machines et, *ce qu'il y a de plus grave,
c'est qu'il l'ait fait sans avoir avisé, au préalable, les diverses Chambres syndicales de Fabricants de Bonneterie intéressées par ce grave
problème.*

Il a été en effet prouvé, en Assemblée générale de la Chambre syndicale des Fabricants de Bonneterie de Troyes — tenue le 3 mai 1927
— qu'à aucun moment cette Chambre n'avait été appelée à discuter
cette importante question de la tarification des machines à bonneterie. *Bien mieux, il a été signalé qu'il existait au sein de cette Chambre une Commission des douanes — mais que, chose inouïe — elle
n'avait pas été appelée à siéger depuis plus de DEUX ANS.*

Pour reprendre la forte expression dont s'est servi un membre de
cette Chambre, M. Boisseau, les Fabricants de Bonneterie se sont

trouvés en présence *D'UN VERITABLE ACCOUCHEMENT CLANDES-TIN !*

On a demandé rien moins, à une quantité d'industriels, syndiqués ou non, et aux Chambres syndicales de Fabricants de Bonneterie établies dans les diverses régions, que de consacrer officiellement par leur silence une situation angoissante pour la petite et moyenne industrie de la Bonneterie, comme il sera prouvé plus loin.

Il est vraisemblable que si MM. les Membres de la Commission des Douanes à la Chambre des Députés avaient été mis au courant de cette situation, ils auraient opposé un refus courtois mais catégorique, de se rendre à l'invitation faite sous le couvert de la Chambre syndicale des Fabricants de Bonneterie, alors que ceux-ci n'avaient jamais été consultés.

Telles sont les constatations qui ne laisseront planer aucun doute dans les esprits avertis, sur les conditions fâcheuses dans lesquelles ont été élaborés les chiffres concernant les droits de douane sur les machines à bonneterie.

II. — La nécessité, pour l'industriel, de posséder le matériel le plus perfectionné

Quelle est donc la situation réelle de l'industriel bonnetier ?

Comme il ne fait que transformer la matière, son avenir se trouve conditionné par le matériel. — S'il n'a pas à sa disposition la machine la plus perfectionnée, il se trouvera rapidement distancé. — Il ne pourra plus soutenir la concurrence, d'abord sur le marché extérieur, ensuite sur le marché intérieur.

Un rapide examen de la situation du marché français nous amène à constater que la construction des machines à bonneterie en France s'est insuffisamment développée.

Certes, un effort a été fait. En particulier, une Société de construction s'était établie aux environs de Paris, à la Courneuve, mais, si elle a sombré, c'est pour avoir voulu mener de front trois fabrications qui n'avaient aucun rapport entre elles : l'aviation, le bois et les machines à bonneterie. *Ce qui fait, qu'actuellement et pratiquement, les industriels de la bonneterie se trouvent dans l'obligation de s'adresser au seul et unique constructeur important de métiers rectilignes qui soit en France !*

A ce sujet, voici une petite aventure arrivée à l'un d'eux, et qui est au plus haut point significative :

Un industriel de Troyes, Monsieur C..., ayant fait partie de la délégation entendue par la Commission des Douanes à Paris le 14 avril, avait soumis à ce constructeur une commande de 100 métiers 12 têtes. Il se la vit refuser :

1° Parce que l'ordre était trop important ;

2° Parce que le directeur de ce constructeur estimait que son client avait le tort de commander des métiers 12 têtes et qu'il ne voulait lui vendre que des métiers 18 têtes.

Ceci — on l'avouera — est un comble ! Le client, n'ayant plus même le droit de passer commande à sa guise, devait subir les exigences du vendeur !

Une telle mentalité à notre époque semble pour le moins tout à fait déplacée. Insister, serait trop cruel.

Or, si l'on regarde en face, chez les Allemands, le champ de la concurrence est autrement élevé. Les maisons de construction sont nombreuses et toutes spécialisées. Aussi, les progrès réalisés dans ce pays, durant ces dernières années, ont-ils été considérables.

Qu'on en juge :

La marche industrielle des métiers français est d'environ 45 rangées à la minute. Celle des métiers allemands est passée à 65, soit 45 % de plus.

D'autre part, le marché français offre annuellement un débouché pour 500 métiers Cotton. La construction française arrive à en établir 300.

De ce fait, les délais de livraison qu'elle exige excèdent de 4 à 6 mois ceux demandés par les Allemands.

En outre, en l'absence de toute concurrence, les prix n'ont fait qu'augmenter, et ceci depuis la disparition de la Courneuve.

M. Boisseau a, devant la Commission des Douanes de la Chambre des Députés, *présenté trois contrats qui prouvaient qu'un métier vendu 75.000 francs en décembre 1925, atteignait en octobre 1926 100.000 francs et était passé, en février 1927, à 114.000 francs.*

Un métier 26 fin vendu 55.000 en 1923 cotait 105.000 en mars 1927, SOIT EN 4 ANS UNE HAUSSE DE PRES DE 100 %.

On comprend qu'à ce taux, les petites et moyennes entreprises ne puissent plus procéder à des achats de matériel.

La main-d'œuvre, dans le même temps, était passée de : novembre 1925 : 3 fr. 559 ; juillet 1926 : 4 fr. 063 ; février 1927 : 4 fr. 541.

Ainsi, le constructeur, en l'absence de toute concurrence, a démontré qu'il n'avait aucun intérêt à s'opposer à ces augmentations, puisqu'en définitive c'était le client qui payait.

A-t-on la prétention, avec cette solution paresseuse, de combattre la vie chère ?

On crée ainsi une redoutable rivalité de salaires entre les industries d'une même localité et certaines d'entre elles, moins favorisées parce que limitées par les prix de la concurrence, ont à souffrir de cette situation.

III. — Le bout de l'oreille

En considérant la position du fabricant de bonneterie français et celle qu'occupe le fabricant de bonneterie allemand, son principal concurrent, il saute aux yeux que l'allemand est mieux placé que le français pour recueillir le bénéfice d'une situation privilégiée.

Pour l'achat de ces grandes machines d'un prix assez élevé, le crédit est développé, outre-Rhin, d'une façon bien faite pour soutenir les fabricants.

En France, le constructeur ne donne que fort peu de facilités, ayant toujours d'avance ses carnets de commande abondamment remplis.

Il faut bien reconnaître, qu'avant-guerre, les constructeurs allemands de machines à bonneterie se sont montrés très libéraux en matière de crédits à l'égard de quelques industriels troyens et non des moindres...

Sans cette aide allemande, quelle extension auraient prises les deux plus importantes manufactures de bonneterie Cotton en France, si elles n'avaient pu rentrer du matériel saxon ?

La veille de la guerre, l'un d'eux — et ce fait est connu de tous les Troyens — ne recevait-il pas d'outre Rhin une assez forte quantité de ces machines ?

Mais ces Messieurs, lors de la visite de la Commission des Douanes de la Chambre, se sont bien gardés de donner ces indications.

Or, c'est ici qu'on touche au point sensible de la question.

Ces fabriques, qui ont bénéficié largement du matériel allemand, marquent une avance considérable sur les maisons de moyenne ou de petite importance. Elles n'entendent à aucun prix et sous aucun prétexte, que les constructeurs allemands viennent leur susciter la concurrence et rééditent ce qu'ils ont fait pour leur propre compte.

Leur secret désir serait de voir fermer à double tour la porte sur l'Alllemagne, afin que les métiers allemands ne puissent plus rentrer.

Telle est la vérité, fondée d'une manière irréfutable, sur leur attitude présente.

Il y a une entente tacite entre le constructeur français, qui est en même temps fabricant, et les grosses maisons, pour réaliser un cartel dont les membres auraient pratiquement le monopole de la fabrication de la bonneterie diminuée en France.

DOIT-ON RESTER IMPUISSANT DEVANT UNE SEMBLABLE MA-NIFESTATION D'EGOISME ?

On reconnaîtra que ce serait commettre une lourde erreur dont on ne tarderait pas à constater les déplorables effets.

C'est là que réside le véritable danger, car, à notre époque, il est impossible à la faveur d'une loi « de créer des privilèges ».

CE SERAIT VOULOIR FRAPPER D'UNE MORT CERTAINE TOU-TES LES PETITES ENTREPRISES.

Ce serait acheminer lentement, mais sûrement, vers la paralysie, une industrie jusqu'ici prospère.

IV. — Le travail de la Commission

L'intervention de M. Boisseau, qui s'est mis résolument en travers de ces projets, aura donné un résultat appréciable. Lors de l'Assemblée générale de la Chambre syndicale des Fabricants de Bonneterie, qui se tint le 3 mai dernier, pour examiner les tarifs douaniers sur les machines à bonneterie, il obtint le renvoi de la question pour étude devant la Commission des Douanes de la Chambre syndicale.

Cette Commission tint deux séances au cours de la journée du 4 mai, à laquelle participèrent cinq fabricants.

Voici un résumé, tel qu'il résulte de l'échange de vues et des chiffres établis par ces Messieurs et dont lecture a été donnée par M. Boisseau lors de l'Assemblée générale de la Chambre syndicale tenue le 9 mai.

DOCUMENT

Une première réunion de la Commission des Douanes de la Chambre syndicale eut lieu le 4 courant, de 10 heures à 1 heure. Une seconde eut lieu de 16 heures à 20 heures ; y prirent part MM. Portal, Couturat, Barthélemy, Léon Poron, Boisseau.

Ces Messieurs convinrent de prendre pour base de leurs calculs :

1° *Le métier Cotton 12 têtes, 30 fin, tambour grisottes ;*

2° *Le métier Cotton 18 têtes, 30 fin, tambour grisottes.*

Ils ont fait les constatations suivantes :

I. — Métier Cotton 12 têtes, 30 fin

Prix de la Société Générale.   112.000 fr.; Poids : 4.900 kgs
Prix Delostal. . . . .   92.000 fr.; Poids : 4.100 kgs
Prix allemand *à Chemnitz.* .   81.000 fr.; Poids : 4.340 kgs

Un métier Cotton allemand reviendrait à l'acheteur français, en admettant que l'on accorde **35** % **de protection ad valorem :**

	81.000 fr.
2 % sur le chiffre d'affaires.	1.620 fr.
Montage et transport à la frontière.	2.500 fr.
	85.120 fr.

Auxquels s'ajoutent :
  35 % sur 83.100 =. . . . . 29.085 fr.

Total. . . . . 114.205 fr.

MM. Portal, Barthélemy, Poron-Vitoux et Boisseau ont estimé que le prix de 112.000 francs établi par la Société Générale semblait exagéré et qu'il y aurait peut-être lieu que M. Couturat établisse un type de métier se rapprochant du poids de la concurrence, soit 4.300 kgs, ce qui diminuerait le prix du métier d'environ 4.000 francs.

M. Boisseau a fait observer que le prix d'un métier 30 fin, 12 têtes, qui était de 75.000 francs en décembre 1925, était passé, en février 1927, à 112.000 francs, et qu'une telle augmentation paraissait excessive.

M. Barthélemy sollicita de M. Couturat la communication des indices de main-d'œuvre et de matière pour deux époques déterminées, qui sont les suivantes :

Février 1924 : main-d'œuvre. 3.213
Février 1924 : matière. 1.943
Février 1927 : main-d'œuvre. 4.541
Février 1927 : matière. 3.232

La Commission constata également que, tandis que les augmentations de salaires horaires consenties pour les ouvriers bonnetiers étaient de **0,45**, celles de la mécanique étaient passées à **1,328**. M. Barthélemy indiqua que cela tendrait à démontrer péremptoirement que le constructeur n'a pas d'intérêt à s'opposer à ces augmentations puisque c'est, en définitive, le client qui paie.

Ces augmentations devraient porter, d'après les calculs de la Société Générale, le prix de vente du métier à 109.000 francs, auquel il y aurait lieu d'ajouter une majoration de 2 % entraînée par l'élévation des charges fiscales.

Les mêmes chiffres, repris par M. Portal, ont donné une différence de 3.000 francs. M. Tixier, Directeur de la Société Générale, a reconnu cette erreur : nonobstant, le prix de vente d'un métier 12 têtes, 30 fin, devrait être ramené à 109.000 francs, chiffre admis par M. Couturat.

En tenant compte de la différence de poids de 600 kgs, qui handicape le métier de la Société Générale, on doit admettre également qu'à égalité de poids le métier de la Société Générale devrait être vendu : 109.000 — 4.000 = **105.000 francs.**

Par contre, le métier de la Maison Delostal, avec une largeur de fonture de 38 m./m., c'est-à-dire avec la même largeur de fonture que la Générale et les métiers allemands, devrait être vendu, à poids égal : 92.000 + 1.600 = 96.600 francs.

La Maison Delostal aurait, sur la base d'une tarification *ad valorem* **de 35 %, qui correspond à environ 6,75 le kgr. pour les droits spécifiques, une protection de :**

$$
\begin{array}{rl}
 & 85.100 \text{ fr.} \\
+ & 30.100 \text{ fr.} \\
\hline
 & 115.200 \text{ fr.}
\end{array}
$$

Prix vendu par la Maison Delostal. . . .	96.600 fr.
Soit.	18.600 fr.

qui représentent une marge de 19 % SUR LE PRIX INTERIEUR ET 54 % SUR LE PRIX ALLEMAND.

Pour la Société Générale, en appliquant le même calcul, on obtiendrait :

$$
\begin{array}{rl}
 & 85.100 \text{ fr.} \\
+ & 30.100 \text{ fr.} \\
\hline
 & 115.200 \text{ fr.} \\
- & 105.000 \text{ fr.}
\end{array}
$$

Soit.	10.200 fr.

ce qui correspond à une marge de protection de 9,5 % sur le prix

intérieur, susceptible d'ailleurs d'être amélioré par la Société Générale, approchant les 10 % que réclame M. Couturat comme marge de protection minima.

En réalité, elle porte cette protection à **35 + 10 = 45** % sur le prix allemand.

II. — Métier Cotton 18 têtes, 30 fin

M. Couturat a fait observer que la même tarification appliquée aux métiers 18 têtes faisait apparaître une protection insuffisante.

Le prix de la Société Générale, pour ce type de métier, est de **162.500 francs.**

Le prix allemand est de **111.342 francs.**

La Maison Delostal ne construisant pas de 18 têtes, il n'y a aucun élément de comparaison avec un prix français.

En prenant les deux types 12 têtes et 18 têtes français, et en les rapprochant des mêmes types allemands, on obtient comme différence :

Allemand. . . 111.342 — 85.000 = 30.342 fr. 35 %
Français. . . 162.500 — 112.000 = 50.500 fr. 44 %

MM. Portal, Barthélemy, Poron et Boisseau ont été d'accord pour trouver le chiffre de la Société Générale exagéré, sur quoi M. Couturat leur fit observer que le métier allemand pesait 5.510 kgs alors que le sien était de 6.450 kgs, soit près de 1.000 kgs de plus.

Là encore, il y aurait lieu, et M. Couturat l'a fort bien compris, de diminuer le poids du métier de la Société Générale.

Le prix d'un métier allemand 18 têtes reviendrait à :

	111.342 fr.
2 % sur le chiffre d'ffaires.	2.226 fr.
Transport à la frontière et montage. . .	3.500 fr.
	117.068 fr.
35 % sur 114.342 = ...	40.019 fr.
Total.	**157.087 fr.**

M. Portal a fait observer qu'en appliquant le même pourcentage d'augmentation que les constructeurs allemands prennent pour leurs métiers 18 têtes, comparativement aux 12 têtes, on constate que le métier 18 têtes français devrait être vendu par la Générale *150.200* francs, ce qui fait apparaître une marge de protection inférieure de 6.800 francs environ, auxquels s'ajouterait une somme de 6.000 francs, pour tenir compte de la différence de poids des deux métiers. On arrivait ainsi au chiffre de 12.800 francs qui correspond à une marge de protection intérieure d'environ 9 %, soit au total de :

35 + 9 = 44 % sur les prix allemands

M. Barthélemy conclut qu'il serait difficile de faire admettre qu'un constructeur ne puisse se contenter d'une marge de 40 % sur les prix allemands.

Il se déclara prêt à se rallier à la tarification « ad valorem » de 40 %. M. Poron fut également de cet avis. M. Portal marqua sa préférence pour les droits spécifiques et, par mesure de conciliation, il proposa le chiffre de 8 francs le kgr., ce prix étant intermédiaire entre le chiffre de 7,65 que représente pour un métier 12 têtes la protection « ad valorem » de 40 %, et 8,35 qui représente la protection « ad valorem » de 40 % pour un métier 18 têtes.

M. Boisseau dit qu'il s'en tenait à la tarification de 35 % « ad valorem », parce que les métiers 18 têtes n'intéressaient ni la moyenne, ni la petite industrie.

M. Couturat indiqua qu'il ne pouvait descendre au-dessous du chiffre de 8,75 et déclara qu'il consulterait MM. Dupré et Delostal afin de s'entendre avec eux en vue de l'abattement qu'il pourrait consentir.

V. — Commentaires

Ce document fournit des éléments d'appréciation d'un intérêt capital. Il se dégage cette impression, qu'un accord raisonnable pouvait intervenir entre ces Messieurs si ceux-ci n'avaient rencontré chez ce constructeur une intransigeance absolue.

La déception marquée par ce dernier en voyant se réaliser le front unique formé par MM. Portal, Barthélemy et Poron-Vitoux, pour la tarification sur la base d'une protection *ad valorem* de 40 %, s'est révélée d'une façon aussi inattendue que singulière, par le reproche amer qu'il fit au Président de la Commission « DE LUI ROGNER SES PRIX SANS CESSE ET DE LE LACHER ».

Paroles, pour le moins imprudentes et qui expliquent maintenant certains revirements sur lesquels il n'est pas besoin d'insister.

Les membres de la Commission n'ayant pu aboutir à une entente, prirent rendez-vous ferme pour le 13 mai. Mais le 6 mai, *contrairement à ce qui avait été convenu, M. Boisseau* était convoqué d'urgence par téléphone, à 3 heures, pour assister à une séance de la Commission qui devait se tenir à 5 heures.

Absent de Troyes, il ne put s'y rendre. Le lendemain, il apprit qu'une Assemblée générale se tiendrait le lundi suivant 9 mai, à 2 heures.

Une fois de plus on voulait étouffer la discussion et emporter un vote auquel participeraient seules les grandes Maisons.

En effet, à cette séance à laquelle assistèrent *21 firmes*, le premier vote pour l'abaissement des droits à 9,75 le kgr. donna le résultat suivant :

12 voix contre l'abaissement   9 voix pour l'abaissement

Si l'on fait abstraction de trois constructeurs intéressés qui participèrent au vote, en réalité, on voit que les fabricants se trouvaient divisés en deux camps égaux :

9 pour   9 contre

D'autre part, il ne faut pas perdre de vue que les 21 Maisons présentes à l'Assemblée représentaient *un peu plus du quart* des fabricants adhérents à la Chambre syndicale.

55 fabricants, prévenus seulement la veille de la réunion, n'avaient pu se faire représenter.

On s'était passé également de l'avis *d'une centaine de firmes, non syndiquées,* toutes hostiles à l'élévation prohibitive des droits et qui avaient pourtant leur mot à dire.

A tout prix il fallait enlever un vote de surprise dont on se servirait comme moyen de pression.

Et c'est si vrai qu'une circulaire de la Chambre syndicale des Fabricants de Métiers à bonneterie était envoyée dès le 14 mai aux membres du Parlement, leur donnant connaissance « de l'approbation de la Tarification des métiers à bonneterie par les consommateurs de ces métiers ».

En *post scriptum*, la Chambre syndicale de Bonneterie indiquait :

« Nous pensons que, dans l'intérêt général tant des fabricants de bonneterie que des fabricants de métiers et du personnel ouvriers et employés de ces corporations, il importe que la controverse pendante relative à la tarification des métiers à bonneterie prenne fin ».

Ainsi, immédiatement après le vote, le constructeur intéressé ne négligeait aucun moyen de propagande et de pression. Dans le même temps, il envoyait un de ses administrateurs chez tous les fabricants non syndiqués qui avaient donné leur signature à M. Boisseau pour protester contre la tarification excessive, afin de les faire revenir sur leur décision.

Or, pour se faire une idée de l'influence exercée par cette Maison de Construction, il est bon de rappeler que la grande majorité des fabricants doit recourir à elle pour la fourniture des pièces détachées.

Celles-ci sont en nombre considérable, étant donné le mécanisme délicat des machines à bonneterie.

A tort ou à raison les fabricants ont craint que le constructeur leur tint rigueur de l'hostilité qu'ils marquèrent contre la tarification des métiers et certains envisageant une source d'ennuis éventuels avec leur unique fournisseur, se résignèrent et s'inclinèrent DEVANT LA VOLONTE DU PLUS FORT.

Afin de mieux faire apparaître cet état d'âme du fabricant de bonneterie, on peut citer, à l'appui, un exemple frappant.

Lors de l'Assemblée générale de la Chambre syndicale le 9 mai, le vote qui avait eu lieu au *bulletin secret*, avait donné comme résultat, 12 voix contre l'abaissement des droits et 9 pour.

On procéda ensuite au vote sur l'ensemble, cette fois à *main levée*.

On vit alors sur vingt-et-un fabricants, vingt bras se lever sous l'œil amusé du constructeur qui, jetant un regard circulaire sur l'Assemblée et satisfait, déclara sentencieusement : « Vous voyez, M. Boisseau, vous êtes le seul à ne pas vous être rallié ».

Ainsi, sur un même vote émis, à deux reprises différentes, en vue du maintien ou du rejet de la tarification à 9,75 le kgr, 8 fabricants sur 9 se déjugèrent à quelques minutes d'intervalle par le seul fait qu'un vote eut lieu au bulletin secret et l'autre à main levée.

Cette simple constatation est bien faite pour démontrer que cette évolution obéit à un rythme d'autant plus accéléré qu'il n'y existe pas en face, le contre-poids si nécessaire de la concurrence.

Mais il est un autre fait à signaler, pour le moins étrange.

L'Assemblée fut appelée à se prononcer sur le chiffre fixé par la Commission des douanes de la Chambre des Députés à 9 fr. 75 le kgr.

M. Boisseau fit remarquer qu'en posant ainsi la question, on ne tenait aucun compte du travail de la Commission de la Chambre Syndicale de la Bonneterie. Le constructeur ayant déclaré qu'il ne pouvait descendre au-dessous de 8,75 le kgr., il y avait lieu de prendre d'abord ce dernier chiffre pour base.

A ce moment, le constructeur fit cette déclaration singulière qu'il n'avait pas été question de ce chiffre.

IL REVENAIT SUR SA PAROLE. IL SE DEJUGEAIT.

Avec son obstination coutumière, il prétendit faire voter sur la tarification à 9 fr. 75, ce qu'il obtint, bien que le Président de l'Assemblée, M. Gillier, eut proposé de faire voter sur le chiffre de 9 francs le kgr.

VI. — Analyse du vote final

Sous ce titre, le Président de la Chambre syndicale des Fabricants de Métiers à Bonneterie donne connaissance des chiffres suivants :

Nombre d'ouvriers occupés par les Maisons affiliées à la Chambre syndicale... 14.750

Nombre d'ouvriers occupés par les Maisons présentes à l'Assemblée 10.300

Nombre d'ouvriers occupés par les Maisons ayant approuvé le tarif de protection de 9,75... 9.625

Nombre d'ouvriers occupés par les Maisons dont les représentant n'ont pu rester jusqu'au moment du vote... 575

Nombre d'ouvriers représentés par la Maison ayant voté contre le tarif de protection à 9,75... 100

Cette présentation, bien faite pour dénaturer la véritable situation, tendrait à impressionner par une arithmétique dégressive.

Le nombre d'ouvriers qu'on met en avant ne signifie rien. Ce qu'il y a lieu de considérer, c'est le nombre total des entreprises par rapport à celui des quelques grosses firmes désireuses de s'assurer le monopole de la bonneterie diminuée en France.

En réalité, le vote du 9 mai 1927 donne les chiffres suivants :

Nombre de firmes ayant voté pour la tarification à 9,75... **12**
Nombre de firmes ayant voté contre : 9 ;
Nombre de firmes n'ayant pas pris part au vote : 56 ;
Nombre de firmes non syndiquées et ayant protesté contre la tarification : 38 =................... TOTAL................ **103**

En écartant les 3 constructeurs intéressés ayant pris part au vote en question, on est amené à constater que c'est UNE INFIME MINORITE, comprenant à peine 10 % des fabriques françaises de

bonneterie, qui entend imposer la loi à 90 % des autres firmes.
**SOIT A LA PRESQUE TOTALITE DES FABRICANTS DE BONNE-
TERIE.**

TELLE EST LA VERITE que, pour les besoins d'une cause qu'il
**SAIT COMPROMISE, CE CONSTRUCTEUR A BIEN SOIN DE
CACHER.**

En outre, il faut signaler que de nombreux fabricants du Nord et
du Midi sont intervenus directement auprès de leurs Parlementaires
afin de protester contre la tarification prohibitive des métiers à
bonneterie.

D'autre part, il est bon de souligner que, dans la liste des Maisons
protestataires groupées autour de M. Boisseau figurent deux usines,
notamment le Tricotage de l'Ariège, à Toulouse, et M. Chigot et C\ie, à
Troyes, qui comprennent à elles deux plus de 4.000 ouvriers.

VII. — **CONCLUSION**

On peut, d'après ce qui précède, se faire une idée de l'importance
capitale que représente la tarification des machines à bonneterie pour
les acheteurs de ces métiers.

Que demande la grande majorité de ces derniers :

AVANT TOUT UNE PROTECTION JUSTE ET EQUITABLE.

Elle entend, cette majorité composée de petits et de moyens fabricants, ne pas être victime, comme elle est menacée, de rester à la
merci d'un seul et important constructeur de métiers rectilignes qui
existe à l'heure actuelle en France.

Elle ne prétend pas non plus le voir écrasé. Elle ne veut pas qu'une
tarification injuste intervienne et le place dans une situation qui ne
lui permette pas d'affronter la lutte avec les Allemands.

UNE ETUDE APPROFONDIE DEMEURE. C'est le travail fourni
par la Commission des Douanes de la Chambre syndicale par
MM. Portal, Barthélemy, Poron-Vitoux, Couturat et Boisseau.

**Il faut donc s'en tenir au premier avis fourni par 4 de ces fabri-
cants qui, après avoir discuté et passé au crible tous les chiffres,
avaient estimé qu'une tarification protégeant le constructeur avec
une marge de 40 % était suffisante.**

Or, en présence de la situation toute spéciale qui nécessiterait deux
tarifications pour les différents genres de métiers, et pour couper
court à toute discussion, il est préférable d'adopter la protection *ad
valorem* envisagée lors de l'audition de la délégation de la petite et

moyenne industrie, QUI S'EST RALLIEE AU CHIFFRE DE 35 %
AVANCE PAR M. FIGHIERA.

Il faut ajouter que si le chiffre de 4.05 le kgr., qui eût dû logiquement être réclamé à la Commission des Douanes par la délégation, a été porté à 6 francs, c'était uniquement pour tenir compte de ce fait qu'avant-guerre, la moyenne de la jauge pour les machines était le 22 fin, tandis qu'actuellement, en raison de la mode, la maille s'étant affinée, elle est passée au 30 fin.

La tarification *ad valorem* de 35 % correspond à un droit spécifique d'environ 6,75 le kgr, chiffre accepté par la délégation de la petite et moyenne industrie.

Si certains fabricants, sur les vives instances de l'intéressé, sont revenus sur leur parole, il faut s'en tenir strictement aux chiffres auxquels les ont conduit leurs travaux.

LE CONSTRUCTEUR LUI-MEME NE PEUT LES NIER.

Déjà, devant la Commission des Douanes de la Chambre des Députés, il avait prétendu que les chiffres de M. Boisseau étaient faux.

Argument trop simpliste. Mais, cette fois, osera-t-il en faire de même ? Et ne conviendrait-il pas de lui rappeler qu'il s'est mis dans une position bien difficile en fournissant certains chiffres avec vraiment trop de légèreté.

Aux services du Ministère, il a indiqué comme tarification celle de 26 francs le kgr., à appliquer aux métiers circulaires, *quel que soit leur poids.*

Le constructeur intéressé, M. Lebocey, ainsi que son directeur, M. Gentin, n'ont fait aucune difficulté pour reconnaître que cette tarification avait été mal établie et qu'il était absolument juste et équitable de prévoir plusieurs catégories de poids, ainsi que le réclamait M. Boisseau.

MM. Lebocey, Gentin et Boisseau tombèrent d'accord pour relever le chiffre de 26 à 28 francs pour les métiers ne dépassant pas 200 kgs et de l'abaisser de 26 à 18 francs le kgr. pour ceux d'un poids supérieur à 1.000 kgs.

Dans la pratique, cette tarification entraîne un relèvement de **400 francs** de droits pour une machine de 200 kgs, d'une valeur de *12.000 francs*, tandis qu'elle diminue les droits d'entrée de plus de **16.000 francs** pour une machine de 1.000 kgs, d'une valeur de *40.000 francs*.

Il est nécessaire d'indiquer que certains métiers à bonneterie, d'un poids restreint, nécessitent un travail de division minutieux et comportent des pièces délicates dont les mouvements rappellent ceux des machines d'horlogerie.

En augmentant le diamètre de la machine, le bâti en fonte demande à être plus fort pour résister aux vibrations.

Dans ce cas il sautait aux yeux qu'on devait tenir compte de cette particularité afin d'abaisser les droits en raison même du poids de la machine.

L'abaissement consenti sur le chiffre primitif de 26 francs au kilo par MM. Lebocey et Gentin est donc dans l'ordre de **38 %**.

On mesure par là l'injustice qui eut été consacrée sans l'intervention de M. Boisseau.

Mais lorsqu'il s'agit d'appliquer cette même règle pour les machines rectilignes d'un poids encore plus élevé — toujours supérieur à 4.000 kgs — c'est-à-dire où la fonte entre dans une bonne part, le constructeur se défend comme un beau diable et ne veut rien entendre.

Or, en maintenant le chiffre donné par la Commission des Douanes, soit 9,75 le kgr., on serait amené à constater que les constructeurs seraient traités différemment.

Ceux fabricant les métiers circulaires ayant de leur plein gré consenti un ABATTEMENT DE 38 % verraient le constructeur de machines Cotton bénéficier d'un traitement de faveur, puisqu'il aurait réussi à obtenir un abaissement de 6 % SEULEMENT sur le projet du gouvernement.

IL Y AURAIT LA UNE INEGALITE CHOQUANTE.

Mesurant tout le danger que comportait l'accord conclu entre MM. Lebocey, Gentin et Boisseau, qui le laissait isolé, le constructeur de métiers rectilignes eut alors recours à un autre moyen pour retenir à ses côtés les constructeurs de métiers circulaires.

Il les persuada que la tarification de 35 % prévue pour les aiguilles à bonneterie devait être relevée de façon à lui donner l'équivalence de 35 % sur la valeur française.

Il est bon de rappeler que ces deux industriels avaient été entendus par la Commission des Douanes de la Chambre des Députés et n'avaient à *aucun moment élevé de protestation contre cette tarification.*

M. Bosc, Président de la Commission, avait pourtant fait observer aux membres des délégations, que la protection *ad valorem* était calculée sur la valeur de la marchandise au pays d'origine, contrairement à la méthode précédente qui la calculait sur la valeur française.

Il ne pouvait donc y avoir d'équivoque.

Comme on voit, le constructeur de machines rectilignes tourna la difficulté et il obtint de la Chambre syndicale de la Bonneterie un vote en faveur du relèvement des droits sur les aiguilles à bonneterie fabriquées en France par la Maison Lebocey.

En réalité, son but était tout autre. Il s'agissait de maintenir la cohésion dans le groupe des constructeurs afin de donner au Parlement l'apparence du front unique dans la solidarité des intérêts de la Corporation et de sauver le gros morceau que représente pour lui la tarification de 9 fr. 75 sur les machines rectilignes à bonneterie.

*
* *

Il faut signaler également que les industriels du Nord se sont tous montés, ou tout au moins en grande partie, avec du matériel allemand acheté au titre des prestations avec les dommages de guerre.

Si cette porte leur était fermée demain, on est à se demander où ils pourraient s'adresser ? Ce serait la stagnation dans la production — donc ce serait marquer un recul.

Ainsi qu'on a pu le remarquer en 1924, au lendemain de l'application des droits *ad valorem* de 60 % sur les prix français pour les métiers allemands, et qui a été suivie d'une hausse de 20 % sur les prix des machines françaises, on assistait à une nouvelle hausse de ces métiers, les prix intérieurs ayant toujours une tendance à rejoindre les prix des marchandises étrangères augmentées des droits de douane.

Les ateliers familiaux, les artisans bonnetiers que l'on compte en assez grand nombre dans le département de l'Aube, ne pouvant plus s'offrir le luxe de remplacer leur matériel usagé par du matériel moderne, dont les prix seront prohibitifs, disparaîtront petit à petit.

Le développement de l'artisanat, qui allait être facilité par l'électrification des campagnes, se trouvera ainsi compromis irrémédiablement.

Voilà pourtant une œuvre sociale du plus haut intérêt à encourager et qui, la première dans la bonneterie, sera appelée à subir le contre-coup d'un tarif de protection prohibitif.

Et l'industrie de la bonneterie, que deviendra-t-elle ?

Jusqu'ici exportatrice, elle ne pourra supporter avant longtemps, la concurrence avec les fabricants belges, espagnols et italiens qui indépendamment des Allemands, développent rapidement leur production avec du matériel perfectionné acheté en Allemagne.

L'industriel français, battu dans ces pays, sera obligé de se replier sur le marché intérieur où la concurrence est déjà vive. Les entreprises végéteront au profit de qui ? D'UNE SEULE MAISON ? CE SERAIT INADMISSIBLE.

VOILA LE GRAVE DANGER !

Il faut permettre à une industrie de vivre, de se développer. Mais il importe d'éviter qu'elle constitue une entrave au développement des petites et des moyennes entreprises ou qu'elle les entraîne derrière elle à la ruine.

Accepter la tarification proposée par la Commission des Douanes, soit 9,75, ce serait en somme octroyer un privilège dont ne saurait profiter d'ailleurs ce constructeur, puisque depuis 1919, c'est-à-dire depuis l'armistice, pendant la période de prospérité, il n'a pu exporter comme les autres industries et suivre les progrès marqués par la concurrence allemande, en grande avance sur lui.

Comme on a pu le constater, il s'est même laissé distancer en France dans le domaine de l'invention par un fabricant qui a eu l'idée, aussitôt après guerre, de créer, pour son propre compte surtout, un atelier de construction, afin de réaliser une nouvelle conception d'un métier Cotton, breveté aujourd'hui dans tous les pays.

Cette machine possède un avantage marqué sur toutes les autres du même type : elle évite les frictions. De ce fait, la construction est simplifiée, la marche est plus douce. Elle exige moitié moins de force : 3/4 de cheval au lieu d'un cheval 1/2 pour un métier 12 têtes.

Elle est d'un poids inférieur aux autres machines : 4.100 kgs. Son prix est de 20.000 FRANCS AU-DESSOUS DE LA CONCURRENCE FRANÇAISE.

Quant à la beauté de la maille, elle peut soutenir la comparaison avec n'importe quelle autre tissée sur d'autres machines.

Voilà un exemple frappant des progrès qu'on était en droit d'attendre d'une grande maison de construction, possédant des moyens puissants de production et qu'on voit réalisés par un fabricant — nouveau venu dans la construction — et qui, avec des moyens beaucoup plus réduits, marque du 1ᵉʳ coup une avance notable sur la concurrence.

On aurait donc tort de lier le sort de plus de 150 entreprises françaises à cet important constructeur. Ce serait la condamnation de toute une industrie, CAR LE PASSE EST LA POUR REPONDRE DE L'AVENIR.

Les faits parlent eux-mêmes.

⁂

Et que recueillerait l'Etat dans cette affaire ?

Le ralentissement des commandes, que signale le constructeur des métiers rectilignes, tient précisément aux prix excessifs qu'il réclame à l'acheteur.

Par conséquent, le Trésor n'y gagnera rien = moins-value sur le chiffre d'affaires.

Moins-value aussi sur les droits de douanes, puisque les fabricants français ne peuvent plus actuellement et ne pourront pas davantage, avec la nouvelle loi et le chiffre de 9,75 au kgr., importer de métiers — en raison de ce super protectionnisme.

Lorsqu'on parle de muraille de Chine, on voit, d'après ce qui précède, que le terme n'a rien d'exagéré et qu'il s'applique bien à la tarification que l'on projette pour les métiers à bonneterie type Cotton.

IL IMPORTE AVANT TOUT DE PLACER LA CONCURRENCE LA OU ELLE N'EXISTE PAS.

C'est le seul moyen de faciliter la marche en avant des petites et moyennes entreprises et de leur permettre, avec le temps, de développer leur outillage.

Certains gros fabricants ont atteint leur maximum de puissance de production.

En consacrant d'une façon définitive leur forte position, on écarterait la concurrence, source féconde du progrès.

C'est ce principe SAIN ET HONNETE qu'il est nécessaire de sauve-
garder.

C'est la raison pour laquelle il faut déjouer la manœuvre tentée par
la grosse industrie IMBUE DE LA DOCTRINE MALTHUSIENNE.

Telle est la situation contre laquelle il n'y a qu'un remède :

L'adoption de la Tarification « ad valorem » de 35 %.

IMP. J.-L. PATON, TROYES